Britta Block

Die besonderen Schwierigkeiten der Frauen auf dem Arbeitsmarkt der Bundesrepublik Deutschland

GRIN - Verlag für akademische Texte

Der GRIN Verlag mit Sitz in München und Ravensburg hat sich seit der Gründung im Jahr 1998 auf die Veröffentlichung akademischer Texte spezialisiert.

Die Verlagswebseite http://www.grin.com/ ist für Studenten, Hochschullehrer und andere Akademiker die ideale Plattform, ihre Fachaufsätze und Studien-, Seminar-, Diplom- oder Doktorarbeiten einem breiten Publikum zu präsentieren.

Dokument Nr. V66849 aus dem GRIN Verlagsprogramm

Britta Block

Die besonderen Schwierigkeiten der Frauen auf dem Arbeitsmarkt der Bundesrepublik Deutschland

GRIN Verlag

Bibliografische Information Der Deutschen Bibliothek: Die Deutsche
Bibliothek verzeichnet diese Publikation in der Deutschen Nationalbibliografie; detaillierte bibliografische Daten sind im Internet über http://dnb.ddb.de/ abrufbar.

1. Auflage 2007
Copyright © 2007 GRIN Verlag
http://www.grin.com/
Druck und Bindung: Books on Demand GmbH, Norderstedt Germany
ISBN 978-3-638-66937-5

Britta Block

Hochschule Vechta

Arbeitsmarktpolitik

Hausarbeit

Die besonderen Schwierigkeiten der Frauen auf dem Arbeitsmarkt der Bundesrepublik Deutschland

Inhaltsverzeichnis

	Inhaltsverzeichnis	2
1	Einleitung	3
2	Die Arbeitslosigkeit in Deutschland	4
2.1	Arbeitslosigkeit – allgemein, und speziell die Frauen betreffend	4
2.2	Die Probleme und Lebensumstände dauerhaft Erwerbsloser	5
2.3	Gefahren der Frauen auf dem Arbeitsmarkt	6
2.4	Wiedereingliederung	7
2.5	Arbeitsmarktpolitik	8
3	Familiäre Umstände der Frauen	10
3.1	Weibliche Jugendliche	10
3.2	Familiäre Hindernisse	10
3.3	Familienpolitik	11
4	Die Veränderung und Anpassung der Arbeitszeit	12
4.1	Teilzeitarbeit	12
4.2	Heim- bzw. Telearbeit	13
5	Berufliche Umstände	15
5.1	Erwerbstätige Frauen	15
5.2	Arbeitsfelder	16
5.3	Berufliche Aufstiegsmöglichkeiten der Frauen auf dem Arbeitsmarkt	17
6	Schlussfolgerung und Zukunftsaussichten	19
7	Literaturverzeichnis	21

1 Einleitung

Betrachtet man den Arbeitsmarkt der Bundesrepublik Deutschland genauer, so lassen sich folgende Problemgruppen des Arbeitsmarktes erkennen: Un- und angelernte Arbeitnehmer, Behinderte, junge Menschen unter 25 Jahren, minder qualifizierte Menschen, Ausländer, ältere Arbeitnehmer (über 45 Jahren) und Frauen. Im Rahmen dieser Hausarbeit möchte ich auf die Darstellung der Arbeitsmarktproblematik der letztgenannten Gruppe, den Frauen, hinzielen, und darauf eingehen, inwieweit sich Frauen beruflich verpflichten und welche familiären-, wirtschaftlichen- und sozialen Probleme sich für sie daraus ergeben können.

Wenn man an arbeitende Frauen in der Geschichte denkt, haben viele sogleich die Trümmerfrauen vor Augen, die gegen Kriegsende schwer arbeiteten, und einen großen Anteil am Wiederaufbau des zerstörten Deutschlands leisteten. Doch erst in den 70er Jahren begann mit dem wirtschaftlichen Aufschwung der entscheidende Prozess der vermehrten Teilnahme von Frauen an der Berufswelt durch eine eigene Berufstätigkeit, wodurch sie sich von ihrer Abhängigkeit vom Mann vermehrt lösten. Weiterhin trugen auch die technischen Entwicklungen im Haushalt wie z. B. die Waschmaschine oder die Spülmaschine dazu bei, dass vor allem die Frauen mehr Zeit erhielten, was ihnen den Einstieg in die Berufswelt erleichterte.

Die täglichen Schlagzeilen konfrontieren uns damit, dass international ein tendenziell starker Anstieg der Erwerbslosen festzustellen ist. Speziell in der Bundesrepublik Deutschland besteht die Problematik der Massenarbeitslosigkeit bereits seit Anfang der 80er Jahre und liegt aktuell bei ca. 4,2 Millionen Menschen.[1] Anzumerken ist, dass sich die Arbeitslosigkeit nicht nur auf die davon unmittelbar betroffenen Menschen erstreckt, sondern auch Auswirkungen auf deren Familien- und Freundeskreis, sowie auf die gesamte Gesellschaft haben.

In dieser Hausarbeit möchte ich mich jedoch weniger mit den geschichtlichen Aspekten der Erwerbstätigkeit von Frauen befassen, sondern vielmehr auf die Entwicklung der heutige Situation der berufstätigen Frau eingehen. Nachdem ich zu Beginn die allgemeine Arbeitsmarktsituation beleuchte, werde ich im Anschluss auf die häuslichen Situationen und Hindernisse berufstätiger Frauen eingehen. In Abschnitt vier werde ich Arbeitsformen und – bereiche von Frauen erläutern, um darauf folgend Flexibilisierungsmöglichkeiten der Arbeitszeit vorzustellen, die den Frauen zur Verfügung stehen. Im letzten Abschnitt möchte ich dann einen Einblick in die berufliche Situation von Frauen vermitteln, und auch Aufstiegschancen und Zukunftsaussichten mit einbeziehen.

---

[1] Vgl. Statistisches Bundesamt Deutschland: Registrierte Arbeitslose.
www.destatis.de/indicators/d/arb110ad.htm. (Stand: 01.11.2006).

2 Die Arbeitslosigkeit in Deutschland

2.1 Arbeitslosigkeit – allgemein, und speziell die Frauen betreffend

Die Reduzierung der Erwerbslosigkeit ist zu einer der größten Probleme der Bundesrepublik Deutschland geworden. Ich möchte es dem Leser an dieser Stelle ersparen, sich mit einer Unmenge von Zahlen und Statistiken über die in Deutschland tendenziell ständig steigende Anzahl der Arbeitslosen auseinander zu setzen, lediglich hinweisen möchte ich aber auf die Daten des Statistischen Bundesamtes, welches für September 2006 2.117.000 arbeitslose Frauen von insgesamt 4.238.000 registrierten Erwerbslosen meldet, wobei jedoch faktisch noch eine Zahl von über 2 Millionen arbeitswilligen Menschen dazukommen dürfte, die wegen fehlender Vermittlungschancen, oder weil sie keinerlei Ansprüche auf Unterstützung haben, wie z. B. Hausfrauen, erst gar nicht beim Arbeitsamt als Arbeitssuchende registriert sind. Dazu gehören auch viele junge Menschen, die die Zeit nach der Schulausbildung mit einem freiwilligen Jahr oder mit Berufsvorbereitenden Schulen überbrücken oder andere, die sich in Umschulungs-, Weiterförderungs-, Rehabilitations- oder Arbeitsbeschaffungsmaßnahmen befinden. Wann sind nun aber Arbeitnehmer arbeitslos? „In der Bundesrepublik Deutschland liegt nach dem Arbeitsförderungsgesetz [(AFG)], in Übereinstimmung mit dem wissenschaftlichen Sprachgebrauch Arbeitslosigkeit vor, wenn Arbeitnehmer

1. vorübergehend nicht in einem Beschäftigungsverhältnis stehen oder nur eine Beschäftigung von nicht mehr als 20 Stunden wöchentlich ausüben und

2. der Arbeitsvermittlung zur Verfügung stehen, das heißt eine Beschäftigung ausüben können und dürfen, also arbeitsfähig und arbeitswillig […] sind, jede zumutbare Beschäftigung anzunehmen."[2]

Als Langzeitarbeitslosen bezeichnet man darüber hinaus Menschen, die sich in der besonders problematischen Lebenslage befinden nach langjähriger Erwerbstätigkeit erwerbslos geworden zu sein, und nun mit der Gefahr umgehen müssen, dass sie dauerhaft aus dem Berufsfeld ausgegrenzt bleiben.

Nicht zuletzt für die Frauen stellt heutzutage, die seit Anfang der 80er Jahre in der Bundesrepublik Deutschland bestehende Massenarbeitslosigkeit, zusätzlich zur Langzeitarbeitslosigkeit eine zunehmende Arbeitsmarktproblematik dar. Frauen gehören ebenso wie Arbeitnehmer ohne Berufsausbildung, gesundheitlich Beeinträchtigte, Menschen unter 25 Jahren (wegen der fehlenden Befähigung), Ausländer und ältere Arbeitnehmer (über 45 Jahre)

---

[2] Lampert, Heinz: Arbeitsmarktpolitik. 1979. S. 39.

zu den Problemgruppen des Arbeitsmarktes, die, betrachtet man den Arbeitsmarkt der Bundesrepublik genauer, verhältnismäßig hohe Arbeitslosenanteile aufweisen.[3] Aufgrund des sich stetig verengenden Arbeitsmarktes, und der weiter zu erwartenden massiven Beschäftigungseinbrüche in den Männerdomänen ist damit zu rechnen, dass Männer nach und nach die Frauen aus den bislang für sie besonders qualifizierten Tätigkeitsbereichen drängen und die erwerbslosen Frauen begehren im Zuge des zunehmenden Konkurrenzkampfes zwischen den Geschlechtern um ein zu knappes Arbeitsplatzangebot immer sichtbarer auf, gegen Diskriminierung und die Sonderstellung der Frauen, indem sie sich z. B. in Frauengruppen organisieren.

Festzuhalten ist, dass die Arbeitslosigkeit zum einen als ein gravierendes individuelles Problem innerhalb der Gesellschaft gesehen werden kann, dass bei den Menschen die arbeitslos geworden sind zur Verringerung des Existenzniveaus, Kriminalität, Alkoholismus, sowie zu seelischen Belastungen führen kann, die eventuell gesundheitliche Beeinträchtigungen nach sich ziehen, und zum Anderen können verstärkende finanzielle Schwierigkeiten des Staates Umwälzungen auslösen, so kann es z. B. durch den Einkommensausfall und dem damit verbundenen Nachfragerückgag zu weiterer Arbeitslosigkeit kommen, sowie zu finanziellem Ausfall der benötigten Steuereinnahmen und Sozialversicherungsbeiträge.

2.2 Die Probleme und Lebensumstände dauerhaft Erwerbsloser

Bei der Betrachtung der sich offenbarenden Massen- und Langzeitarbeitslosigkeit sollte nicht nur der individuelle Umgang der einzelnen Personen mit dem Verlust des Einkommens und den daraus resultierenden materiellen und gesellschaftlichen Folgen und Schwierigkeiten besondere Beachtung erhalten, sondern auch, dass auf diese Art und Weise häufig die Situation der gesamten Familie problematischer wird. Das soziale Netz in der Bundesrepublik Deutschland sorgt dafür, dass auch untere Einkommensgruppen, die in die Arbeitslosigkeit geraten, nicht in Hunger und Elend leben müssen, dennoch ist die Arbeitslosigkeit zur wichtigsten Ursache der so genannten Relativen Einkommensarmut geworden. Diese liegt im Gegensatz zur „absoluten Armut", die z. B. in Dritte – Welt – Ländern dominiert, vor, wenn das Einkommen unter dem des durchschnittlichen Haushaltseinkommens des jeweiligen Landes liegt, was bei den Betroffenen schneller zu wirtschaftliche Problemen führen kann.

---

[3] Vgl. Bäcker, Gerhard et al.: Sozialpolitik und soziale Lage in Deutschland. 2000. S. 330 f.

Wird einer Erwerbsperson in unserer Gesellschaft die entscheidende Möglichkeit zum Produzieren, was gleichbedeutend mit Geld verdienen oder genauer gesagt mit einer Erwerbsarbeit ist, genommen, so nimmt man ihr auch die Möglichkeit ein durchschnittliches Einkommen zu verdienen, wodurch diese ihren Konsum stark verringern muss.

2.3 Gefahren der Frauen auf dem Arbeitsmarkt

Bei der grundsätzlich freien Entscheidung über die Berufswahl von Frauen, sollte man bedenken, dass die Rollenbilder, die von außen an sie herangetragen werden, die Sozialisation, die in der Familie stattfindet, und die geschlechtsbezogenen sozialen Strukturen auf dem Arbeitsmarkt für Frauen anders aussehen als für Männer, schon deshalb, weil Frauen Kinder bekommen und Beruf und Familie vereinbaren müssen.[4] Diese und andere Aspekte setzen zwar keine starren und unüberwindlichen Grenzen, aber schränken natürlich zum Teil stark ein, so dass auf persönliche Wünsche oft verzichtet werden muss.

Im letzten Jahr strebte die Mehrzahl der Frauen (etwa 60 %)[5] so genannte frauentypische Berufe, wie z. B. Friseurin, Kauffrau, Arzthelferin oder andere soziale, dienende, pflegende und hauswirtschaftliche Berufe an, und übersahen dabei realistische Benachteiligungen, wie z. B. sehr unsichere und schlechte Zukunftsaussichten, wenig Aufstiegschancen, aber auch schlechtere Bezahlung[6]. So verdienten im Jahr 2005 beispielsweise Frauen durchschnittlich 27% weniger als ihre männlichen Kollegen.[7] Warum die Frauen dennoch die erzeugenden, technischen, industriellen und eben häufig besser bezahlten Arbeitsplätze den Männern überlassen, kann eventuell auf den Druck des Arbeitsmarktes zurückgeführt werden. So wurden nach dem Berufsbildungsbericht 2006 im Jahr 2005 weniger als 5% Frauen im Metall- und Elektrobereich eingestellt, und in den Bauberufen waren es weniger als 10 %.[8] Denkbar ist auch, dass Frauen den gewünschten Rollenbildern entsprechen wollen, oder vor dem evtl. massiven Druck in Männerdomänen zurückschrecken.[9]

---

[4] Vgl. Haasen, Nele: Frauen steigen ein. 1995. S. 15.
[5] Vgl. Statistisches Bundesamt Deutschland: Sozialversicherungspflichtig Beschäftigte am Arbeitsort nach Berufsbereichen am 30.06.2005. www.destatis.de/basis/d/erwerb/erwerbtab6.php. (Stand: 28.11.2006).
[6] Vgl. Haasen, Nele: Frauen steigen ein. 1995. S. 14.
[7] Vgl. Statistisches Bundesamt: Verdienstabstand zwischen Männern und Frauen.
  http://www.destatis.de/download/d/logh/maerz06.pdf. (Stand: 28.11.2006).
[8] Vgl. Bundesministerium für Bildung und Forschung: Berufsbildungsbericht 2006.
  http://www.bibb.de/dokumente/pdf/bbb_2006.pdf. S.111. (Stand: 28.11.2006).
[9] Vgl. Frauenarmutsbericht. 1998. S. 11.

Wie Eingangs bereits erwähnt sind die Erziehung und die Rollenvorstellungen überwiegend dafür verantwortlich, dass viele Frauen im Zusammenhang mit der Geburt von Kindern meistens diejenigen sind, die die Tätigkeiten als Hausfrau und Mutter übernehmen, was bedeutet, das sie die Berufs- und Familienarbeit vereinbaren müssen, oder mindestens für die Dauer des Erziehungsurlaubs aus der Berufstätigkeit aussteigen. Danach reicht ihre Qualifikation dann aber oft nicht mehr aus, da sie den Anschluss an betriebliches Wissen oder an Entwicklungen im technischen Bereich verloren haben, aber hierauf möchte ich im folgenden Abschnitt ausführlicher eingehen.[10]

2.4 Wiedereingliederung

Wie ich im vorigen Abschnitt erläutert habe, stellt der Wiedereinstieg in die Berufstätigkeit nach dem Erziehungsurlaub, oder z. B. auch nach längerer Krankheit, ein großes Problem für die Frauen dar. In den letzten Jahren werden von den Frauen mit Kindern unter 15 Jahren als häufige Probleme bei der Wiedereingliederung, zusätzlich zum generellen Arbeitsmarktungleichgewicht, das Fehlen von Teilzeitarbeitsplätzen bzw. die inflexiblen Arbeitszeiten gesehen, oder sie nennen ungeeignete bzw. nicht ausreichende Kinderbetreuungsmöglichkeiten als Hauptschwierigkeit.[11] Darüber hinaus bedeutet die Rückkehr in den Beruf für die bereits mehrere Jahre nicht berufstätige Frau generell Konkurrenz, da ihre Kompetenzen im Verlauf der Arbeitslosigkeit, im Gegensatz zu anderen Beschäftigten, deren berufliche Kenntnisse auf dem aktuellen Stand sind, und die sich möglicherweise weiterqualifiziert und weiterentwickelt haben, vergessen wurden bzw. reduziert sind.[12] Eben aus diesem Grund leiten auch die Unternehmen häufig aus einer längeren Arbeitsunterbrechung ein verschlechtertes Erwerbsverhalten des Arbeitnehmers ab, was faktisch ein geringeres Humankapital bedeutet.[13] Diese Tatsache führt zu dem Phänomen, dass der Wiedereintritt in das Erwerbsleben in der Regel „nicht auf denselben Arbeitsplatz erfolgt, den die Frauen vor der Unterbrechung innehatten, [wodurch] für viele Frauen eine unterwertige Beschäftigung unausweichlich [ist]."[14]

---

[10] Vgl. Haasen, Nele: Frauen steigen ein. 1995. S. 15.
[11] Vgl. Buttler, Friedrich ; Franke, Heinrich: Arbeitswelt 2000. 1991. S. 167.
[12] Vgl. Bäcker, Gerhard et al.: Sozialpolitik und soziale Lage in Deutschland. 2000. S. 273.
[13] Vgl. Grassinger, Robert: Verfestigte Arbeitslosigkeit. Zitiert in: Maier, Gerhard: Arbeitsmarktpolitik. 1996. S. 56.
[14] Bäcker, Gerhard et al.: Sozialpolitik und soziale Lage in Deutschland. 2000. S. 273.

Gerade bei der schlechten Arbeitsmarktsituation und dem Mangel an Arbeitsplätzen kann die Frau bei der Rückkehr in den Beruf den dargestellten Vorverurteilungen, sowie dem geringen Entgegenkommen der Unternehmen, meist ohne ein gezielte frauenfördernde Arbeitsmarktpolitik, nichts entgegensetzen, und erhält so insgesamt oft erst gar keine Chance aus der Arbeitslosigkeit zu entkommen.

2.5 Arbeitsmarktpolitik

Zur Arbeitsmarktpolitik gehören alle Maßnahmen staatlicher und nichtstaatlicher Einrichtungen, die direkt Angebot und Nachfrage auf dem Arbeitsmarkt beeinflussen, oder auf die Arbeitsvermittlung einwirken bzw. die Arbeitslosigkeit senken sollen, und darüber hinaus einen Beitrag zur Überwindung der geschlechtsspezifischen Spaltung des Arbeitsmarktes leisten, wobei gezielt frauenfördernde bzw. gegen Benachteiligung wirkende Maßnahmen gestärkt werden.[15]

Die Bundesanstalt für Arbeit erarbeitete 1975 den Entwurf eines arbeitsmarktpolitischen Konzepts nach dem Arbeitsförderungsgesetz (AFG), in dem grundlegende und langfristige Ziele der Arbeitsmarktpolitik enthalten sind. Es enthält als wichtige arbeitsmarktpolitische Maßnahmen z. B. die Schaffung neuer Teilzeitarbeitsplätze, Lohnkostenzuschüsse und die Förderung bestimmter Problemgruppen des Arbeitsmarktes, zu denen, wie bereits erläutert, auch Frauen bzw. die Erwerbstätigkeit von Frauen gehört. Außerdem sollen durch Arbeitsvermittlung, Berufsberatung, Regelungen zur Umschulung und Weiterbildung sowie Arbeitsbeschaffungsmaßnahmen (ABM) insgesamt ein Ausgleich von Angebot und Nachfrage auf dem Arbeitsmarkt geschaffen werden. Im Gegensatz zu diesen gut gemeinten Maßnahmen wird aber im öffentlichen Meinungsaustausch immer wieder behauptet, die Politik würde eher die Beschäftigung hemmen: Die Frauenarbeitslosigkeit sei danach „eine direkte Folge des Frauenarbeitsschutzes, [wie beispielsweise] des Mutterschutzes und des Erziehungsurlaubs. Begründet werden diese Behauptungen mit dem Entlassungs- und Einstellungsverhalten der Unternehmen" in Bezug auf die Auswahl zweier unterschiedlicher Beschäftigter generell, und auf Frauen im Besonderen, wobei für die Unternehmen natürlich das betriebliche Kosten – Ertrags – Verhältnis der Arbeitskraft im Vordergrund steht, und sie sich nicht etwa auf der Grundlage einer besonders sozialen Haltung freiwillig Kosten, z. B. hervorgerufen durch den Arbeitsausfall einer Frau wenn z. B. das Kind krank ist etc, auferlegen wollen.[16]

---

[15] Vgl. Bäcker, Gerhard; Stolz – Willig, Brigitte (Hrsg.): Kind, Beruf, Soziale Sicherung. 1994. S. 133.
[16] Bäcker, Gerhard et al.: Sozialpolitik und soziale Lage in Deutschland. 2000. S. 337.

Solange die Unternehmen ihre Entscheidungen also unabhängig fällen, besteht das zentrale Problem einer aktiven, frauenfördernden Arbeitsmarktpolitik darin, dass selbst einzelne und teilweise Erfolge immer nur zu erzielen sind, indem versucht wird, die Arbeitskräfte möglichst schnell an die wirtschaftlichen Gegebenheiten anzupassen und dementsprechend zu verteilen.

Ebenfalls zu erwähnen sind Erkenntnisse darüber, dass die Erwerbsbeteiligung von Frauen mit kräftigen Anreizen der Steuerpolitik zusammenhängt, z. B. im Falle einer Steuerstruktur, bei dem die Einkommen von Ehepartnern separat besteuert werden, und bei denen Beitragsbemessungsgrenzen für Sozialabgaben fehlen. Eine Blockierung besteht hingegen, wenn beispielsweise die Einkommen von Ehepartner gemeinsam versteuert werden und die Sozialabgaben dann Beitragsbemessungsgrenzen unterliegen.[17]

---

[17] Vgl. Schmidt, Manfred G.: Erwerbsbeteiligung von Frauen und Männern im Industrieländervergleich. 1993. S. 55 f.

3 Familiäre Umstände der Frauen

3.1 Weibliche Jugendliche

Die Entscheidungen über Berufsinteressen erfolgen schon lange vor der Berufsausbildung oder dem Einsatz im Betrieb, und werden bestimmt durch innerfamiliäre Vorprägungen – meistens zu Lasten der Frauen, wenn es darum geht wer die Familien-, Erziehungs- und Pflegearbeit übernimmt.[18] Diese Tendenz belegen auch verschiedene Studien, die zeigen, dass zwischen weiblichen und männlichen Jugendlichen trotz guter bzw. sehr guter schulischer Leistungen der Mädchen auf dem Arbeitsmarkt noch heute eine markante geschlechtsspezifische Ungleichheit besteht. Da den weiblichen Jugendlichen nur wenige Fachgebiete offen stehen, in denen sie ihre Ausbildung durchführen können, arbeiten sie überwiegend, wie bereits ihre Großmütter und Mütter vor ihnen, im Dienstleistungsbereich, diese sind wiederum gekennzeichnet durch eine niedrige Ausbildungszeit und einer deutlich geringeren Entgeltung, was den Wunsch der Mädchen nach Unabhängigkeit, Eigenständigkeit etc. sehr stark einschränkt.[19] Den weiblichen Jugendlichen werden aber aufgrund der sozialen Rollenverteilung nur sehr selten andere Alternativen, wie z. B. technische Ausbildungsstellen, geboten, und demzufolge müssen sie Kompromisse eingehen, da ihnen keine freie Berufswahl gelassen wird.[20] Hinzu kommt weiterhin, als ein Aspekt des generell hohen Jugendarbeitslosenanteils, der z. B. im Jahr 2005 bei 15 %, und damit über der allgemeinen Arbeitslosenquote (11 %)[21] lag[22], dass ca. 15 % der weiblichen Jugendlichen[23] nach wie vor erst gar keinen Beruf erlernen, sondern vom Elternhaus gleich in ein eigenes Familienleben überwechseln oder „auf der Straße sitzen".

3.2 Familiäre Hindernisse

In den vorangegangenen Abschnitten bin ich schon gelegentlich auf familiäre Aspekte zu sprechen gekommen, die der Frau eine Berufstätigkeit schwer machen – ganz zuforderst ist dabei natürlich das Problem zu nennen, die Kindererziehung und Haushaltsführung mit der Erwerbsarbeit zu vereinbaren. Entsprechend dem Artikel 3 (2) Grundgesetz (GG) steht die

---

[18] Vgl. Bäcker, Gerhard; Stolz – Willig, Brigitte (Hrsg.): Kind, Beruf, Soziale Sicherung. 1994. S. 23.
[19] Vgl. Engelen – Kefer: Ursula et al.: Beschäftigungspolitik. 1995. S. 334.
[20] Vgl. Frauenarmutsbericht. 1998. S. 12.
[21] Vgl. Wikinews: Arbeitslosenzahlen Oktober 2005.
http://de.wikinews.org/wiki/Arbeitslosenzahlen_Oktober_2005. (Stand: 06.12.2006).
[22] Vgl. Bundesministerium für Wirtschaft und Arbeit: Arbeitslosenquote im internationalen Vergleich.
http://www.dnet.at/elis/Arbeitsmarkt/aminter_ALQJugendinter_Jahr.pdf. (Stand: 27.11.2006).
[23] Vgl. Bundesministerium für Bildung und Forschung: Berufsbildungsbericht 2005.
http://www.iid.de/_media/bbb_2005.pdf. S. 87. (Stand: 30.11.2006).

Gleichberechtigung von Männern und Frauen unter einem besonderen Schutz der staatlichen Ordnung. Doch erst 1976 wurde die Aufteilung der Haushaltsführung und Kinderbetreuung auf der einen Seite, und einer Erwerbstätigkeit auf der anderen Seite, unserer modernen Gesellschaft angepasst, und in die partnerschaftliche Verantwortung beider Ehepartner gelegt. Bis dahin aber unterschied der § 1356 des Bürgerlichen Gesetzbuches (BGB) noch ausdrücklich zwischen einer Erwerbstätigkeit der Männer und einer Familienverpflichtung der Frauen in der Ehe[24]. Dennoch halten viele bürgerlichen Familien aus verschiedenen Gründen auch heute noch an der herkömmlichen Geschlechterrollenverteilung fest, so dass die Frau also die Rolle der Haushaltsführung und Kindererziehung übernimmt, aber nicht selten zusätzlich dazu auch noch einer Erwerbsarbeit nachgeht. Das heißt im Endeffekt, dass die Frau mit einer Reihe von Belastungen, besonders zeitlicher Art (z. B. Kinderbetreuung und Familie zusätzlich zur Arbeitszeit), fertig werden muss, die sich aus ihrer gesteigerten Beweglichkeit ergeben haben, wobei so manche Frau natürlich an ihre psychischen und physischen Grenzen stößt.

3.3 Familienpolitik

Es liegt auf der Hand, dass die Förderung der Arbeitsmarktlage der Frauen in einem engen Kontext mit der staatlichen Familienpolitik bzw. der gesamten Sozialpolitik steht, die sich meiner Meinung nach vorrangig an dem Ziel orientieren sollte, die Gleichberechtigung von Männern und Frauen in den Bereichen des Arbeitsmarktes uneingeschränkt voranzutreiben. Das heißt, in diesem Zusammenhang nimmt zum einen die Ausgestaltung einer anpassungsfähigen Arbeitswelt (z. B. Arbeitszeiten, Gewährung von Erziehungsurlaub usw.) und einer geeigneten Kinderbetreuung eine besondere Stellung ein, damit Frauen die Möglichkeit gegeben wird, ihren familiären Verpflichtungen trotz Berufstätigkeit nachzukommen. Gleichzeitig sollte sich auf die eigenständige soziale Absicherung der Frauen konzentriert werden, und auf die Förderung geeigneter Maßnahmen, die der Frau den Einstieg ins Berufsleben erleichtern. Frauen sollten weder finanziell, gesellschaftlich oder sozialpolitisch, in der Familie oder im Beruf benachteiligt werden.

---

[24] Vgl. Maltry, Renate: Ökonomische Beziehungen zwischen den Ehegatten im Deutschen Recht. Vortrag vom 26.11.2005.
http://www.djb.de/Reden%20und%20Vortr%C3%A4ge/Renate%20Maltry,%2026.11.2005,%20Bozen%20-%20Vortrag/#_ftn4. (Stand: 30.11.2006).

4 Die Veränderung und Anpassung der Arbeitszeit

4.1 Teilzeitarbeit

Wie die Bundesagentur für Arbeit belegt, ist seit Ende der 80er Jahre trotz wachsender Beschäftigungsprobleme auf dem Arbeitsmarkt die Zahl der Teilzeitstellen angestiegen, so dass es im Jahre 2004 bereits knapp elf Millionen Teilzeitjobs in der Bundesrepublik Deutschland gab, die sich zu 75 % auf Frauen konzentrierten[25], und sogar zu 90 % auf traditionell von Frauen ausgeübte Tätigkeiten. Somit ist Teilzeitarbeit zwangsläufig „als eine geschlechtsspezifische Flexibilisierungsstrategie anzusehen."[26] Grund für diese Entwicklung ist sicher, dass die Teilzeitarbeit viele Vorteile bietet. Mit dieser Beschäftigungsform können besonders Mütter, freiwillig oder gezwungenermaßen, ihr Erwerbsleben mit ausreichend Zeit für ihre familiären Aufgaben bzw. der selbstständigen Betreuung ihrer Kinder, verbinden.[27] In diesem Kontext wurde in den letzten 15 Jahren tatsächlich das Ziel eines Beschäftigungszuwachses der Frauen um 5 % bewirkt, und somit liegt die Frauenarbeitsquote nun bei 49 %.[28] Darüber hinaus zeigt die Vergleichsstatistik der Jahre 2001 – 2004 des Bundesministeriums für Arbeit und Soziales, dass der Bedarf an anpassungsfähigen Teilzeitarbeitskräften besonders in den Handels- (34 %) und Dienstleistungssektoren (36 %)[29] – den typischen Frauenarbeitsbereichen, angestiegen ist.

Die Teilzeitarbeit ist jedoch im Vergleich zu Ganztagstätigkeiten mit erheblichen Nachteilen verbunden, die sich zu Lasten der Lebensaussichten der Frauen auswirken. So sind z. B. oft die Beschäftigungsbedingungen schlechter bzw. unbeständiger, und das entsprechende Gehalt gewährleistet meist keine eigenständige Versorgung, was die wirtschaftliche Unabhängigkeit der Frau deutlich einschränkt, da sie von ihrem Gehalt alleine nicht leben kann und somit auf den Zusatzverdienst des Partners angewiesen ist.[30]

---

[25] Vgl. Wanger, Susanne: Frauen am Arbeitsmarkt. IAB – Kurzbericht, Nr. 22 / 24.11.2005. S. 2.
[26] Schudlich, E.: Vom Konsens zum Konflikt. 1986. Zitiert in Keller, Berndt: Einführung in die Arbeitspolitik. 1999. S. 398.
[27] Jagoda, Bernhard; Merkel, Angela: Mehr Teilzeitarbeit für Frauen. In Maier, Gerd: Arbeitsmarktpolitik. 1996. S. 117.
[28] Vgl. Wanger, Susanne: Frauen am Arbeitsmarkt. IAB – Kurzbericht, Nr. 22 / 24.11.2005. S. 1.
[29] Vgl. Bundesamt für Arbeit und Soziales: Vergleich des Teilzeit - Anteils der abhängig Beschäftigten nach Wirtschaftsbereichen 2001 bis 2004. http://www.bmas.bund.de/BMAS/Redaktion/Pdf/Teilzeit/vergleich-des-teilzeitanteils-der-abhaengig-beschaeftigten-nach-wirtschaftsbereichen-2001-2004,property=pdf,bereich=bmas,sprache=de,rwb=true.pdf. (Stand: 30.11.2006).
[30] Vgl. Keller, Berndt: Einführung in die Arbeitspolitik. 1999. S. 398.; Haasen, Nele: Frauen steigen ein. 1995. S.

Ein weiterer gravierender Nachteil der Teilzeitarbeit macht sich besonders bei älteren Frauen bemerkbar. Wenn diese zuvor in einem geringfügigen Beschäftigungsverhältnis[31] tätig waren, verlieren sie die soziale Absicherung, da die Unternehmer in dem Fall von der Sozialversicherungspflicht befreit sind. Das heißt sie müssen infolgedessen unter Umständen mit außerordentlichen Einbußen in ihrer Rente rechnen.[32]

Hervorheben möchte ich jedoch, dass der Gesetzgeber mit dem Teilzeit- und Befristungsgesetz, dass zum 01.01.2001 in Kraft trat, und das bisherige Beschäftigungsförderungsgesetz ablöste, als eine generelle Linie anstrebt, dass Teilzeit und Vollzeitbeschäftigte grundsätzlich gleich behandelt werden[33], was bedeutet, dass sie Anspruch auf ein gleichwertiges Entgeld und andere Leistungen des Arbeitgebers haben, und zwar mindestens in einem Umfang entsprechend der Dauer der Arbeitszeit.

4.2 Heim- bzw. Telearbeit

Mit dem Übergang von der Industrie- zur Informationsgesellschaft ist ein deutlicher Trend zur Telearbeit[34] zu beobachten, weil die Technik, besonders den Frauen, mehr als noch vor einigen Jahren, neue Chancen einer Arbeitsgestaltung eröffnet. Die Arbeitsform der Telearbeit, die überwiegend von Freiberuflern ausgeübt wird, impliziert dass die Beschäftigten ihre gesamte Arbeit nicht mehr im Unternehmen, sondern unter bestimmten Leistungsvorgaben von zu Hause durchführen, indem sie Unterlagen und Arbeitsresultate, unterstützt durch neue Informations- und Kommunikationstechnologien, austauschen. Dadurch erhalten sie die Chance ihre Arbeitszeit weitgehend unabhängig zu bestimmen, und das Unternehmen spart gleichzeitig Platz-, Miet-, Strom- und Telefonkosten. Keine andere Arbeitsform schafft solch eine hohe Anpassungsfähigkeit sowie Zeitunabhängigkeit der Arbeitsgestaltung, und lässt damit beiden Elternteilen viel Spielraum den Beruf mit der (öffentlichen) Betreuung der Kinder innerhalb und außerhalb der Familie zu vereinbaren.

---

[31] 241.
Ab dem 1. April 2003 beträgt die Geringfügigkeitsgrenze 400 Euro. Bis zu 400 Euro kann der Arbeitnehmer also regelmäßig im Monat verdienen, ohne dass er aus dem Entgelt Sozialversicherungsbeiträge und Steuern zahlen muss. Vgl.: Ikk: Gringfügig Beschäftigte. http://www.ikk.de/ikk/generator/ikk/fuer-arbeitgeber/sozialversicherung-im-betrieb/4238,i=l.html. (Stand: 30.11.2006).

[32] Vgl.: IKK: Geringfügig Beschäftigte. http://www.ikk.de/ikk/generator/ikk/fuer-arbeitgeber/sozialversicherung-im-betrieb/4238,i=l.html. (Stand: 06.12.2006).

[33] Vgl.: Bundesministerium der Justiz: Gesetz über Teilzeitarbeit und befristete Arbeitsverträge (Teilzeit- und Be fristungsgesetz – TzBfG) §4. http://www.gesetze-im-internet.de/tzbfg/BJNR196610000.html. (Stand: 06.12.2006).

[34] Form der Heimarbeit, bei der der Arbeitnehmer über Datenleitungen mit dem Arbeitgeber verbunden ist.

Zu diesen positiven Gesichtspunkten kommen allerdings auch die Nachteile, z. B. finden aufgrund der Distanz nur unbefriedigende persönliche Kontaktmöglichkeiten mit den Kollegen und Vorgesetzten statt, und für das Unternehmen besteht das Risiko, dass der Mitarbeiter kaum eine berufliche Verbundenheit mit dem Betrieb empfindet. Darüber hinaus besteht bei einem Heimarbeitsplatz kein Abstand zwischen den Alltagsproblemen (die Kinder fordern Aufmerksamkeit etc.) und dem Arbeitsauftrag, und für die Unternehmen ergibt sich bei der Übertragung von wichtigen Daten, z. B. per Email, die Gefahr dass ein Übergriff von Dritten oder Viren ermöglicht wird. Um dass zu verhindern müssen im Datenschutzbereich weitere Sicherungsmaßnahmen getroffen werden.

5 Berufliche Umstände

5.1 Erwerbstätige Frauen

Es ist unschwer festzustellen, dass es sich bei unserer Gesellschaft um eine Leistungsgesellschaft handelt, die aus festgelegten Normen und Regeln besteht, und über Statussymbole bestimmt wird. Für die Frau bedeutet die Berufstätigkeit außerhalb der Familie kein Freizeitvergnügen, sondern geschieht entweder aus finanziellen oder aus sozialen Gründen. Die erstgenannten, finanziellen Gründe der zunehmenden Erwerbsbeteiligung der Frauen, betrifft zum einen tatsächliche wichtige finanzielle Zwänge, und zum anderen die Entwicklung zu materieller Verselbständigung der jungen Frauen, wie bereits die erste Shell – Studie herausfand.[35] Was den sozialen Faktor angeht, nannten laut einer IAB – Erhebung von 1986 etwa 40 % der verheirateten Frauen Gründe, die man dem gesellschaftlichen Wertewandel und dem damit einhergehenden Wunsch der Frauen in Richtung vermehrter Selbstverwirklichung, der Lösung aus der Abhängigkeit hin zu einer eigenen Selbstständigkeit und der Erhaltung von Anerkennung zuordnen kann, welche sich durch die erbrachte Leistung bzw. den Dazuverdienst ergibt, wobei diese Resultate nach den vorliegenden Untersuchungen mit dem steigenden Bildungsgrad in Zusammenhang stehen dürfte.[36] Womit wir bei einem weiteren Aspekt bezüglich der Erwerbstätigkeit der Frauen wären: die Verbesserung des Bildungswesens. Denn aufgrund der Verlängerung der Bildungs- bzw. Ausbildungsphasen schieben viele Frauen die Familienplanung bewusst hinaus, weil sie ihre angestrebten Ziele verwirklichen und sich nicht so früh an Familienpflichten binden möchten, was die aktuelle stark diskutierte Entwicklung des Geburtenrückgangs in aller Deutlichkeit kennzeichnet. Viele Frauen lassen sich heutzutage nicht mehr nach den traditionellen Rollenvorstellungen als Hausfrau und Mutter abstempeln. Sie möchten ihre eigenes Leben führen, persönliche Freiheit besitzen, unabhängig vom Partner sein, eigenes Wohlbefinden sowie Selbsterfüllung, und setzen all dieses mit Erfolg in einer besonders geeigneten Erwerbstätigkeit gleich, so dass sie sich selbständig ihre Arbeit bzw. ihre Freizeit einteilen können.[37]

---

[35] Vgl. Geissler, Birgit ; Oechsle, Mechtild: Lebensplanung junger Frauen. 1996. S. 33.
[36] Vgl. Beckmann, Petra ; Engelbrech, Gerhard: Arbeitsmarkt für Frauen 2000 – ein Schritt vor oder ein Schritt zurück? 1994. S 47 f.
[37] Vgl. Benard, Cheryl ; Schlaffer, Edit: Rückwärts und auf Stöckelschuhen. 1989. S. 198.

Die genannten Gründe tragen sehr viel dazu bei, dass Frauen sich entscheiden beruflich vollen Einsatz zu zeigen, und sich um eine klassische, oft harte Karriere kümmern: Oft sind diese Frauen in der Industrie, der Privatwirtschaft oder in der Politik tätig.[38]

An dieser Stelle möchte ich außerdem erwähnen, dass Frauen häufig, grundsätzlich verbotenen, sexuellen Belästigungen ausgesetzt sind. Auch wenn der Staat dieses Problem erkannt hat, und eine Vielzahl von Gesetzen zum Schutz der Frau erlassen hat, ist es dennoch heute zu einem normalen Bestandteil in allen Betriebszweigen und Berufen geworden. Damit ist aber keine Liebelei am Arbeitsplatz oder die Annäherung, die auf Gegenseitigkeit beruht gemeint, wie der internationale Gewerkschaftsbund im Dezember 1986 bestimmt hat, sondern „Annäherungsversuche jeder Art in Form von Gesten und Äußerungen, jeder unerwünschte körperliche Kontakt, explizit sexuell abfällige Anspielungen, die wiederholt von jemandem am Arbeitsplatz vorgebracht werden, und von der Person, an die sie sich richten, als beleidigend empfunden werden, und zur Folge haben, dass diese sich bedroht, erniedrigt oder belästigt fühlt, oder sie in ihrer Arbeitsleistung beeinträchtigen, ihre Anstellung gefährden oder am Arbeitsplatz eine unangenehme oder einschüchternde Atmosphäre schaffen."[39]

Zusammenfassend lässt sich sagen, dass in der Bundesrepublik, wie in den anderen westlichen Industrieländern auch, für die Frauen eine Erwerbsbeteiligung seit Mitte der 70er Jahre, trotz ungünstiger Arbeitsmarktlage, zu einem sehr großen Bestandteil der Lebensplanung geworden ist, und für sie eine zunehmende Rolle spielt, wofür die oben geschilderten Ursachen wesentlich beigetragen haben.[40]

5.2 Arbeitsfelder

Im Laufe meiner bisherigen Ausführungen bin ich schon des Öfteren auf die Tätigkeitsbereiche zu sprechen gekommen, in denen Speziell die Frauen dominieren, und das ihnen der Weg in andere Branchen oder höhere Positionen häufig versperrt wird bzw. mit Hindernissen versehen ist. Aus diesem Grund möchte ich hier nicht noch einmal die einzelnen Aspekte wiederholen,

---

[38] Vgl. ebd., S. 197 f.
[39] Degen, Barbara; Plogstedt, Sibylle: Nein heißt nein! 1992. S. 14 f.
[40] Vgl. Beckmann, Petra ; Engelbrech, Gerhard: Arbeitsmarkt für Frauen 2000 – ein Schritt vor oder ein Schritt zurück? 1994. S 46.

aber es erscheint mir besonders bei einem Blick auf die bisher wachsenden Arbeitslosigkeit, im September 2006 waren es wie bereits angeführt 4,2 Millionenkomma wovon die Arbeitslosenquote der Frauen knapp 50 % betrug, notwendig, dem Thema der Frauenbeschäftigung mit ihren Tätigkeitsfeldern einen eigenen Abschnitt zu widmen.

Wie bereits erwähnt, „wird die Erwerbsbeteiligung von Frauen durch die Staatstätigkeit beeinflusst: Größe und Struktur des Wohlfahrtsstaates, sowie Steuerpolitik und Unterstützung bei der Kinderbetreuung beispielsweise, wirken auf die Nachfrage und das Angebot von Frauenarbeit."[41] In diesem Kontext lassen sich durchschnittlich zwischen Männern und Frauen ganz schwerwiegende Unterschiede am Arbeitsmarkt im Bezug auf die Bezahlung, die Häufigkeit befristeter Arbeitsverträge, die Teilzeitbeschäftigung, die Arbeitsbedingungen, die Fort- und Weiterbildungen etc. feststellen[42]. Beispielsweise ist in diesem Zusammenhang bekannt, dass sich der öffentliche Dienst augenscheinlich um ein Geschlechtergleichgewicht seiner Angestellten bemüht. Doch auch hier ist markant, dass Frauen überwiegend im einfachen und mittleren öffentlichen Dienst beschäftigt sind, typischerweise in Form der Teilzeitbeschäftigung, während die Männer in den höheren Stellungen bedeutend vorherrschender sind.

Das heißt also im Endeffekt, dass sich die berufstätigen Frau häufig in unbeständigen Arbeitsverhältnissen befindet, die sich außerdem nur auf wenige Geschäftszweige und Berufsfelder ausrichten, in denen sie häufig gravierende Nachteile (niedriger Lohn, schlechtere Bedingungen etc.) hinnehmen muss.

5.3 Berufliche Aufstiegsmöglichkeiten der Frauen auf dem Arbeitsmarkt

Insbesondere für die Mädchen hat sich ein grundlegender Wandel vollzogen, denn anders als in allen anderen Jahrhunderten zuvor, steht ihnen heute prinzipiell jede Schulform und jede Ausbildung offen. Sie dürfen lernen und studieren was sie wollen, und ein Leben nach eigenen Vorstellungen führen.[43] Doch selbst bei einer gleichwertigen Ausbildung und einem direktem Berufsverlauf werden Frauen häufig anders bzw. unter ihrer Kompetenzstufe eingesetzt als Männer, und ihre Aufstiegschancen sind außerdem deutlich schlechter[44], wie bereits der IAB Kurzbericht von 1990 belegte. Danach gelang „Frauen, die ihre Erwerbstätigkeit als

---

[41] Schmidt, Manfred G.: Erwerbsbeteiligung von Frauen und Männern im Industrieländervergleich. 1993. S. 59.
[42] Vgl. Keller, Berndt: Einführung in die Arbeitspolitik. 1999. S. 392.
[43] Vgl. Frauenarmutsbericht. 1998. S. 11.
[44] Vgl. Bäcker, Gerhard; Stolz – Willig, Brigitte (Hrsg.): Kind, Beruf, Soziale Sicherung. 1994. S. 121.

Hilfsarbeiter begannen seltener als Männern der Wechsel in eine Facharbeiterinnenposition (unter 40 Jahren: 2% gegenüber 10 % bei Männern; über 40 Jahren: 5 % gegenüber 23 %), aber häufiger in eine einfache Angestelltentätigkeit. Bei älteren Erwerbstätigen (über 40 Jahre) waren somit die Statusdiskrepanzen höher als bei jüngeren", und männliche Facharbeiter und Angestellte „stiegen häufiger als weibliche in gehobene oder leitende Angestelltentätigkeit auf oder wurden selbständig."[45] „Das Geschlecht spielt [also] bei betrieblichen Personalentscheidungen immer noch eine bedeutende Rolle."[46] Um dieses Phänomen auszugleichen, sieht das SGB III hier individuelle Unterstützung der Arbeitnehmerinnen durch die Förderung der Teilnahme an beruflichen Aus- und Weiterbildungsmaßnahmen vor, sofern diese Weiterbildungen vorrangig notwendig sind, um das Ziel, die Frauen bei Arbeitslosigkeit erfolgreich beruflich einzugliedern oder eine ihnen drohende Arbeitslosigkeit abzuwenden, zu erreichen, oder auch, weil bei ihnen die Notwendigkeit der Weiterbildung wegen eines fehlenden Berufabschlusses anerkannt ist und die generellen Voraussetzungen erfüllt sind.[47]

Dennoch darf die steigende Berufstätigkeit von Frauen, die hohe Erwerbsbeteiligung und eine mit den Männern vergleichbare Ausbildungsqualifikation nicht darüber hinwegtäuschen, dass Frauen insgesamt beobachtet immer noch deutlich schlechtere Möglichkeiten auf dem Arbeitsmarkt haben als Männer, denn Frauen sind es nun einmal, die die Kinder bekommen, und zumindest für eine gewisse Zeit aus dem Beruf ausscheiden. Die Benachteiligung zeigt sich unter anderem in den bereits angesprochenen charakteristischen Frauenberufen, deren überwiegender Teil, wie z. B. Friseurin, Floristin, Verkäuferin, Drogistin, Apothekenhelferin oder Bekleidungsnäherin am unteren Ende der Einkommensskala angesiedelt ist.[48]

---

[45] Buttler, Friedrich ; Franke, Heinrich: Arbeitswelt 2000. 1991. S. 164
[46] Vgl. Bäcker, Gerhard; Stolz – Willig, Brigitte (Hrsg.): Kind, Beruf, Soziale Sicherung. 1994. S. 121.
[47] Vgl. Bäcker, Gerhard et al.: Sozialpolitik und soziale Lage in Deutschland. 2000. S. 365.
[48] Buttler, Friedrich ; Franke, Heinrich: Arbeitswelt 2000. 1991. S. 160 f.

6 Schlussfolgerung und Zukunftsaussichten

Glaubt man einigen Zukunftsprognosen, dann kommt es bis zum Jahr 2010 zu einer Hochkonjunktur des Dienstleistungsbereichs wie in keinem anderen Geschäftszweig. Das bedeutet insgesamt für die Frauen, dass sie nur noch dann echte Arbeitschancen haben, wenn sie ihre spezifische Tätigkeitsvielfalt im Wesentlichen auf die Bereiche der Dienstleistungen bzw. des Services – die bisher ohnehin schon vorrangig als frauentypische Branchen angesehen werden – erweitern, sowie sich flexibilisieren und stärker als bisher auf Führungsbereiche und -positionen, Produktionsbereiche und die Maschinenbedienung und –regelung etc. spezialisieren.[49] Angesichts dieser Zukunftsentwicklung besteht das Problem der Aufstiegsmöglichkeiten der Frauen demnach nicht in den Unterschieden der Beförderungsperspektiven, sondern in der zunehmenden Zusammenballung der Frauen in den charakteristischen schlechter entlohnten Tätigkeitsfeldern, welche die zukünftigen neuen Arbeitsmarktformen, übrigens auch für die Männer, gestalten, aber eben keine großen Aufstiegsmöglichkeiten bieten.[50]

Im Rahmen dieser Arbeit zeigte sich für mich, dass eine gezielte Arbeitsmarktpolitik für Frauen vor allem an einem großen Problembereiche ansetzen muss: Nämlich eine echte Gleichberechtigung zwischen den Geschlechter zu bewirken. Das heißt, die geschlechtsspezifischen Hindernisse und Benachteiligungen denen Frauen in ihrem Berufsleben gegenüberstehen müssen beseitigt, und der Mann aus seiner Rolle des autoritären Familienoberhauptes (Ernährer vs. Hausfrau / Mutter) in die Rolle des gleichberechtigten Partners versetzt werden, wozu natürlich die wirtschafts- und gesellschaftspolitische Arbeitsmarktpolitik ihren Beitrag leisten muss. Des Weiteren ist festzustellen, dass sich ein immer stärkeren Bedarf an anpassungsfähigen Arbeitszeiten bzw. Teilzeitarbeitsplätzen zeigt, die, wie ich versucht habe darzulegen, vor allem für Frauen mit familiären Verpflichtungen sehr viele Vorteile mit sich bringen, und infolgedessen auch bevorzugt von ihnen besetzt werden. Diese Tatsache deutet darauf hin, dass die Erwerbstätigkeit – freiwillig oder gezwungenermaßen - nicht das fokussierte Lebensinteresse unserer Gesellschaft darstellt, sondern die Entwicklungstendenz von finanziellen zu immateriellen Werten übergeht.

---

[49] Vgl. ebd., S. 170.
[50] Vgl. Wichterich, Christa: Die globale Frau. 1998. S. 65.

Als Schlussfolgerung dieser Hausarbeit bleibt mir aber zu betonen, dass diese besagte Entwicklungstendenz nicht in die Richtung einer Wertschwächung der Erwerbsarbeit für die Bevölkerung geht, sondern das eine Veränderung der gesamten Arbeitswelt zu bemerken ist, die sich auch noch weiterhin verändern wird, und der wir mit sehr viel Flexibilität gegenüberstehen müssen. Es müssen Maßnahmen gefunden werden, dem gravierenden Problem der Massenarbeitslosigkeit – die in Deutschland nach wie vor besteht, auch wenn aktuell positive Zahlen geschrieben werden - entgegenzuwirken und in diesem Zusammenhang kann die Beschäftigungsform der Teilzeitarbeit eine Chance sein.

7 Literaturverzeichnis

1. Bäcker, Gerhard et al.: Sozialpolitik und soziale Lage in Deutschland. Wiesbaden: Westdeutscher Verl., 2000.
2. Bäcker, Gerhard; Stolz – Willig, Brigitte (Hrsg.): Kind, Beruf, Soziale Sicherung: Zukunftsaufgabe des Sozialstaates. Köln: Bund – Verl., 1994.
3. Beckmann, Petra ; Engelbrech, Gerhard: Arbeitsmarkt für Frauen 2000 – ein Schritt vor oder ein Schritt zurück?: Kompendium zur Erwerbstätigkeit von Frauen. Nürnberg: Institut für Arbeitsmarkt- und Berufsforschung der Bundesanstalt für Arbeit, 1994.
4. Benard, Cheryl ; Schlaffer, Edit: Rückwärts und auf Stöckelschuhen: ...können Frauen so viel wie Männer? Köln: Kiepenhauer & Witsch, 1989.
5. Bundesamt für Arbeit und Soziales: Vergleich des Teilzeit - Anteils der abhängig Beschäftigten nach Wirtschaftsbereichen 2001 bis 2004. http://www.bmas.bund.de/BMAS/Redaktion/Pdf/Teilzeit/vergleich-des-teilzeitanteils-der-abhaengig-beschaeftigten-nach-wirtschaftsbereichen-2001-2004,property=pdf,bereich=bmas,sprache=de,rwb=true.pdf. (Stand: 30.11.2006).
6. Bundesministerium der Justiz: Gesetz über Teilzeitarbeit und befristete Arbeitsverträge (Teilzeit- und Befristungsgesetz – TzBfG) §4. http://www.gesetze-im-internet.de/tzbfg/BJNR196610000.html. (Stand: 06.12.2006).
7. Bundesministerium für Bildung und Forschung: Berufsbildungsbericht 2005. http://www.iid.de/_media/bbb_2005.pdf. S. 87. (Stand: 30.11.2006).
8. Bundesministerium für Bildung und Forschung: Berufsbildungsbericht 2006. http://www.bibb.de/dokumente/pdf/bbb_2006.pdf. (Stand: 28.11.2006).
9. Bundesministerium für Wirtschaft und Arbeit: Arbeitslosenquote im internationalen Vergleich. http://www.dnet.at/elis/Arbeitsmarkt/aminter_ALQJugendinter_Jahr.pdf. (Stand: 27.11.2006).
10. Buttler, Friedrich ; Franke, Heinrich: Arbeitswelt 2000: Strukturwandel in Wirtschaft und Beruf. Frankfurt am Main: Fischer, 1991.
11. Degen, Barbara; Plogstedt, Sibylle: Nein heißt nein!: DGB – Ratgeber gegen sexuelle Belästigung am Arbeitzplatz. München: Piper, 1992.
12. Engelen – Kefer, Ursula et al.: Beschäftigungspolitik. Köln : Bund – Verlag, 1995.
13. Frauenarmutsbericht. Düsseldorf: o.V., 1998.
14. Geissler, Birgit ; Oechsle, Mechtild: Lebensplanung junger Frauen: Zur widersprüchlichen Modernisierung weiblicher Lebensläufe. Weinheim: Deutscher Studien Verl., 1996.
15. Grassinger, Robert: Verfestigte Arbeitslosigkeit. Zitiert in: Maier, Gerhard: Arbeitsmarktpolitik. Magdeburg: Bundeszentrale für politische Bildung, 1996.
16. Haasen, Nele: Frauen steigen ein: Jobs, Berufe, Karrieren mit Zukunft. München: Deutscher Taschenbuch Verl., 1995.
17. IKK: Geringfügig Beschäftigte. http://www.ikk.de/ikk/generator/ikk/fuer-arbeitgeber/sozialversicherung-im-betrieb/4238,i=l.html. (Stand: 06.12.2006).
18. Jagoda, Bernhard; Merkel, Angela: Mehr Teilzeitarbeit für Frauen. Zitiert in Maier, Gerd: Arbeitsmarktpolitik. Magdeburg: Bundeszentrale für politische Bildung, 1996.

19. Keller, Berndt: Einführung in die Arbeitspolitik: Arbeitsbeziehungen und Arbeitsmarkt in sozialwissenschaftlicher Perspektive. München: Oldenbourg, 1999.
20. Lampert, Heinz: Arbeitsmarktpolitik. Stuttgart: Fischer, 1979.
21. Maier, Gerd: Arbeitsmarktpolitik. Magdeburg: Bundeszentrale für politische Bildung, 1996.
22. Maltry, Renate: Ökonomische Beziehungen zwischen den Ehegatten im Deutschen Recht. Vortrag vom 26.11.2005.
http://www.djb.de/Reden%20und%20Vortr%C3%A4ge/Renate%20Maltry,%2026.11.2005,%20Bozen%20-%20Vortrag/#_ftn4. (Stand: 30.11.2006).
23. Schmidt, Manfred G.: Erwerbsbeteiligung von Frauen und Männern im Industrieländervergleich. Opladen: Leske und Budrich, 1993.
24. Schudlich, E.: Vom Konsens zum Konflikt: Arbeitszeiten und Arbeitspolitik in der Bundesrepublik Deutschland. 1986. Zitiert in Keller, Berndt: Einführung in die Arbeitspolitik: Arbeitsbeziehungen und Arbeitsmarkt in sozialwissenschaftlicher Perspektive. München: Oldenbourg, 1999.
25. Statistisches Bundesamt Deutschland: Registrierte Arbeitslose: Deutschland. www.destatis.de/indicators/d/arb110ad.htm. (Stand: 01.11.2006).
26. Statistisches Bundesamt Deutschland: Sozialversicherungspflichtig Beschäftigte am Arbeitsort nach Berufsbereichen am 30.06.2005.
www.destatis.de/basis/d/erwerb/erwerbtab6.php. (Stand: 28.11.2006).
27. Statistisches Bundesamt: Verdienstabstand zwischen Männern und Frauen: März 2006. http://www.destatis.de/download/d/logh/maerz06.pdf. (Stand: 28.11.2006).
28. Wanger, Susanne: Frauen am Arbeitsmarkt: Beschäftigungsgewinne sind nur die halbe Wahrheit. IAB – Kurzbericht, Nr. 22 / 24.11.2005. Nürnberg: Institut für Arbeitsmarkt- und Berufsforschung, 2005. S.
29. Wichterich, Christa: Die globale Frau: Berichte aus der Zukunft der Ungleichheit. Reinbek bei Hamburg: Rowohlt, 1998. S.
30. Wikinews: Arbeitslosenzahlen Oktober 2005.
http://de.wikinews.org/wiki/Arbeitslosenzahlen_Oktober_2005. (Stand: 06.12.2006).